MARCUS H. ROSENMÜLLER
SAMUEL KNOTTERBECK

1. Auflage 2015
© lichtung verlag GmbH
94234 Viechtach   Bahnhofsplatz 2a
www.lichtung-verlag.de
Alle Rechte vorbehalten
Umschlagillustration: Eckhard Westermeier
Herstellung: DRUCK Team KG Regensburg
ISBN 978-3-941306-21-9

Marcus H. Rosenmüller

SAMUEL KNOTTERBECK

Alte und neue Verse
aus Olgas Bar

mit Illustrationen
von Eckhard Westermeier

edition lichtung

für Walter und Mama
Fanny und Doerthe
Kuttel Daddeldu

SAMUEL KNOTTERBECK ERZÄHLT EINE GESCHICHTE

Samuel Knotterbeck, der alte Halunke,
der schlenderte nach der Arbeit in die Spelunke,
wobei nur er wusste, dass er arbeitslos war
seit sage und schreibe dreißig Jahr.
Den Vormittag schlief er, den Nachmittag auch,
und abends in die Spelunke, so war's sein Brauch.
Hinter der Bar war die Olga aus Nordrhein-Westfalen,
für Whiskey musste ein jeder bar bezahlen!
Doch nicht Samuel Knotterbeck – ja, wie es das gibt?
Samuel, der Halunke, war einfach beliebt.

„Samuel", schrien die andern,
„Samuel, erzähl eine der Geschichten
von deinem Onkel und seinen Nichten!"
„Ihr meint die von meinen Schwestern?
Die erzählte ich doch gestern!"
„Na und, bitte, wir wollen sie nochmal hören!"
„Also, Jungs, meine Schwestern sind die dümmsten Gören,
die auf dieser schönen Erde herumlaufen!"
Da lachten sie alle und begannen zu saufen.

Eines Tages, da kam in die Bar ein Kerl wie'n Schrank
und man schmeckte sofort, das Walross sucht Zank.
Er stampfte zu Olga und gab ihr einen Klaps
und herrschte sie an: „Wo bleibt denn mein Schnaps?"
Und obwohl Olga groß und mächtig war, war ihr nun bange
und das Walross wartete auf den Schnaps nicht lange.
Leise wurde es in der Bar,
so leise wie es selten war.

Da ging die Türe auf und Samuel Knotterbeck kam herein.
Die Nerven knisterten – was würde sein?

Kein Wort war zu hören – alles war stumm.
Da drehte sich das Walross um
und schrie: „Hey Samuel, du Schweinebruder!"
„Das is' ja Lotti, meine dreckige Schwester, das Luder!"

Und so saßen sie im Geschwisterbunde
und Lotti, die Dumme, die zahlte 'ne Runde
und Olga nahm ihr den Klaps nicht krumm
und brachte noch mehr Schnaps und Rum.
So hatte Samuel nach zehn Jahren seine Schwester getroffen
und alle lachten und waren besoffen.

14 FÜSSE, DIE ICH AM SONNENMORGEN GERNE GRÜSSE

Sonnenstrahlen haben mich wachgeküsst.
Das fahle Mädchen neben mir
liegt noch tief verträumt.
Neuer Tag, sei mir gegrüßt!

Das Zimmer stöhnt nach Lüften.
Eine Fliege schwirrt ganz krank.
Ich habe Gott sei Dank
ein wenig Speck an meinen Hüften,
den ich mir zum Frühstück brate,
dazu Kaffee und Spiegelei,
dann lasse ich Agathe,
so heißt die Fliege, frei.

Nun wecke ich ganz sacht
mein Mädchen, das so sonnig lacht,
und sie murmelt von dem Glück,
dass sie von mir geträumt.
Agathe kam nochmals zurück
und brachte ihren Freund.

GESCHICHTSUNTERRICHT

Ich kann nicht viel dazu sagen
und halte mich lieber zurück
über die weltgeschichtlichen Fragen
im Überblick.

Alleine das ewige Kreisen
macht den Anfang besonders schwer
und mich zum historischen Waisen
bezüglich der Fragen wo, wann und wer.

Es ist die schwierigste aller Ernten!
Wann mundet das Obst? Es hilft kein Wind!
Weshalb die Geschichten der Gelehrten
oftmals unreife Geschichten sind.

Hab ich recht, Schüler? Oder zeigt mir, wo etwas über
Isabelle geschrieben steht!
Ja, jene, um die sich die Erde im Pausenhof dreht!
Ein jeder von uns weiß, dass derjenige Streber,
der Isabelle küsst,
im Mittelpunkt der Weltgeschichte ist!

SIE VERLIESS MICH NICHT AN JENEM REGENTAG

Der Regen fiel aufs Feld,
da kein Dach darüber war,
auf dem auch keine Katze saß,
nach der kein Hund gebellt.

Auch mein Haar
wurde nass,
da meine Mutter
keine Mütze
strickte,
die mir
niemals nützte.

Nachdem ich den nicht vorhandenen Hund
nicht verscheuchte,
kam, obwohl sie keine Angst zu haben bräuchte,
die nicht vorhandene Katze
nicht unter meinen Regenschirm,
den ich zu Hause vergaß.

Vor mir flog kein dunkler, schwarzer Rabe.
Die Welt weiß, ich bin ein glücklicher Mann,
weil ich keine Freundin habe,
die mich verlassen kann.

SOMMERNACHT

Mein Mädchen du, mein einzig Süß,
erinnere dich, der Wind, er blies,
der Mond war voll, die Luft war rein,
du hauchtest: „So, jetzt bist du mein!"

Mein Mädchen du, meine einzig Süße,
das Gras war grün auf dieser Wiese,
in deinen Armen war ich verloren
und war selbst noch grün hinter den Ohren.

Mein Mädchen du, meine einzig Süße,
ich küsste dir nicht nur die Füße,
die Wangen zärtlich waren rot,
ich vernaschte dich wie Streichwurstbrot.

SAMUEL KNOTTERBECK SCHREIBT SEINER JUGENDLIEBE

Tief verwurzelt in den Räumen,
wo der Mensch noch zeitlos ist,
höre ich niemals auf zu träumen,
wirst du weiterhin geküsst.

Sitze dann, du weißt, wie immer
auf der Bank, wo wir uns trafen,
schlendern dann ins dunkle Zimmer,
in dem wir jung verliebt geschlafen.

Wieder höre ich dein Herz nun pochen –
wie die Zeiten sich verweben!
Waren es wohl nur wenig Wochen,
war es doch mein ganzes Leben!

GEFANGEN

Behalt die Tränen dort,
wo ich sie nicht sehen kann.
Weine nicht, erst recht nicht dann,
wenn es keine Fragen gibt.

Behalt die Träume immerfort
im tiefsten Innern eingesperrt.
Schließ nicht auf, es sei verwehrt
zu sehen, was dort liegt.

Behalt für mich das eine Wort,
und liegt's in deinem Magen,
verdau es nicht, du musst ertragen,
dass ich's bin, der dich liebt.

VERFLOSSENES

Da fällt beim Trinken mein Blick
auf das Ablaufdatum des Saftes.
Ich erinnere mich zurück,
da dieses vertraute Datum
dein Geburtstag ist.

Es wird dir nie gelingen,
aus meinem Leben zu entschwinden!
Schon dieser pfandbelasteten
Orangensaftplastikflasche
gelingt es, dich zurückzubringen!

Nun danke ich meinem Denken,
mir einmal noch
die Umarmungen zu schenken,
noch einmal deinem Mund,
dem ich so nah gewesen bin,
so nah zu sein,
noch einmal fließt dein Atem,
dein Sinn
in mich hinein,

bis auf den letzten Tropfen.

Warum wir auseinandergingen,
hab ich fortan erkannt:
Weil auf dem Behälter,
der unsere Liebe umfasste,
ein überschrittenes Ablaufdatum stand.

SOMMERMORGEN

Du liegst in deinem Bett wie früher.
Was du hörst, schenkt dir Vertrauen.
Offenes Fenster, auf der Wiese Kühe,
die mit dir Vergangenes wiederkauen.

Du träumst dir, wie es damals war,
und atmest frische Luft.
Nach diesem kommt das nächste Jahr,
und schon das nächste, das dem nächsten ruft.

Es stimmt: Man lebt nur heute.
Es schwirren die Eintagsfliegen.
Das Fenster auf, das Kuhgeläute –
du bleibst noch fünf Minuten liegen.

MUTTERSÖHNCHEN

Oh Mutter, letztens bist du aber wirklich erschrocken!
Ich erzählte dir am Telefon, ich hätte die Pocken.
Hab ich doch in der Eile den Wind,
das himmlische Kind, vergessen!
Windpocken! Jetzt willst du mich pflegen,
weil Mütter so sind.

Manchmal frage ich mich, ob auch ich
dem Himmel entsprungen bin.
Sag, bin ich ein Kind der glücklichen Liebe?
Wir waren jung, als Vater ging.
Ob er heute bliebe?

Selten hast du geweint oder geschwiegen,
sondern hast geschrien, bist explodiert,
hast das Unrecht gebellt:
Im nächsten Leben willst du keine solchen Kinder kriegen,
das nächste Mal kommst du als Mann zur Welt.

Wir Kinder lernten dich erst viel später verstehen.
Ich schaffe es kaum für mich alleine zu putzen.
Du lehrtest uns weiblich in die Welt zu gehen
und unseren Verstand menschlich zu nutzen.

Und das ist das Schönste in meinem Leben!

Es ärgert mich, dass uns die Zeit so entstellt.
Mama, sollte es die Wiedergeburt geben,
dann bringe ich dich auf die Welt!

KINDHEIT

Junge, schau zum Fenster hinaus!
Schneeflocken wirbeln umher.
Einst sah ich die Welt mit deinen Augen
und nahm sie für dich ins Verhör.

Mäntel wandern vorbei.
Köpfe unter den Schirmen versteckt.
Du hauchst an die Scheibe,
und schon ist die Welt mit Nebel bedeckt.

Wie ich mich danach sehne!
Es fließt Erinnern in alle Glieder.
Das schmelzende Grau an der Scheibe
schreibt geheime Kinderlieder.

Die summst du und begreifst
und enträtselst das Sein!
Und es schaut die Welt hinterm Nebel
begierig zu dir ins Zimmer herein.

SAMUEL KNOTTERBECK ERINNERT SEINE FREUNDE IN OLGAS BAR AN DIE GRAUSAMKEITEN DES LEBENS

„Ja Freunde, der Stachel sitzt tief, denn das Leben ist hart,
weil's tatsächlich und unverschämterweise
an keiner Grausamkeit spart.
Was ist?! Ihr sucht Beweise?
Überlegt mal, wenn sich ein liebendes Liebespaar paart!
Stimmt's nicht – selbst da nur Gestöhne.
Und da heißt's noch: Das Lieben im Leben wäre das Schöne.

Wisst ihr, wie wir heute so beisammen sind
und 'ne Gemeinschaft bilden und lachen,
da weiß doch wirklich jedes Kind,
das werden wir nicht die ganze Nacht durch machen.
Und du, Franz, oder Barnickel, du,
wirst irgendwann von dannen zieh'n
erschöpft und besoffen, und im Nu
wird sich unser erlesener Kreis sprengen
und wird den letzten Übriggebliebenen
in das Korsett des grausam Verlassenen zwängen."

So war's immer, wenn Samuel saufen wollte:
Dann neigte er zum Übertreiben.
Doch die anderen beruhigten ihn
und versprachen, ein paar Wochen mit ihm
in Olgas Bar zu bleiben.

„Jawohl", rief Samuel, „und der erste, der geht,
bekommt eine saftige Portion Prügel!"
Da vernahmen sie von draußen grauenvolle
Schreie und die Runde schreckte zusammen.
Samuel aber flüsterte: „Das sind zwei sich liebende Igel!"

Das Leben ist hart.
Der Stachel sitzt tief.

ALLTAGSBEWÄLTIGUNG

suchen
finden
suchen finden
kurz gefunden
schon verloren
suchen suchen
finden suchen
mehr suchen
als finden
finde finden
schöner als
suchen
suche! finde!
suche! finde!
such such!
gefunden!
ah wie schön!
schon wieder verloren …

WIRREN

Wo du verstanden wirst, nützt dir dein Mund.
Alles schwirrt im Wunderland.
In diesem Land wird alles wund,
nur nicht dein Verstand.

Ich weiß, du lachst viel lieber
und weinst nicht ohne Grund,
du hast Wirren und Vieber.
Wo du geliebt wirrst, virrst du gesund!

Ich lauschte in die Nacht hinein
und hörte ein Kängurumiau
und sah im hellen Mondenschein
eine Elewantenvrau.

Der Mond var wirr, ich wirrwarr blau
und draußen hüpft ein Gnu.
Der Elewant war meine Vrau,
nun gute Nacht und Känguruh.

TUDERNST

Ich sah mal einen Bösen
an einem Baum verwösen.
Am Baum, an daum er so hing.

Und nemand wollte diesen Bösen
von seinem Dring nach Hing erlösen
und so hang er richt lang am Strang

und eine Lörche liebloch sang.

Zuirst da sung die Lurche noch allin,
dann stummten alle Vugel in,
in einen wunderschunen Chur.

Und sie sungen von lustigen Suchen
und bruchten den Busen zum Luchen,
und da luchte er von Uhr zu Uhr.

Na, der Strulch hutte Gulgenhumur!

NÄHMLICH

Ein Zwilling schlug
dem Bruder
dem Krug
auf dem Schädel,
dass der dem
Verstand verlor,
dem Bruder fraß
und späterdings
nur mit dem Spiegel
spazieren ging,
falls einer nach
dem demlichen Trottel frug,
der auf seim Kopf
dem Krug zerschlug.

VOM AUSSTERM BEDROHT

„Brouheidig verkleama"
head se fast so o,
ois ob koana mehr woaß,
wos des hoaßt,
und grad a so,
ois obs as
no nia gem hod.

PAUSE

Die Augen geschlossen,
ganz unverdrossen,
denke ich an nichts.

Das Schweigen des Lichts
wird geatmet – heimlich und still.
Ich bin nichts und fünfmal so viel.

BEIM GASSIGEHEN AM UFER DER SEINE

Zwischen den Zeilen ist Wichtiges zu lesen.
Zwischen den Tagen bin ich wieder genesen.

Zwischen uns beiden war einst viel Glück.
Zwischen der Zeit gibt's kein Zurück.
Zuvor und danach ist vieles gleich.
Das Gerechte bleibt für Arm und für Reich.

Zwischen dem Nichts gibt's Leben.
Gibt's Dürfen und Müssen, Verstecken und Streben.
Wie ein Wunder, das niemand erkennt:
Ohne das Zwischen blieb alles getrennt.

So wie die Ufer der Seine
und der Hund ohne Leine.

SAMUEL KNOTTERBECK SITZT IN OLGAS BAR
UND WUNDERT SICH ÜBER DIE KLEINE LIEBE

Samuel Knotterbeck, der heute schon früher gekommen war,
saß selbstzufrieden in Olgas Bar,
doch diese zog einen Flunsch,
da Samuel der Punsch
zwar schmeckte,
er sich aber trotzdem überlegte,
ob er zum Nachdenken, und zwar über die kleine Liebe,
anfangen sollte.

Da er aber auch gerade darüber sinnierte, wer
wohl die gepflegte
junge hübsche Frau am Tisch schräg hinter ihm war,
vergaß er Olgas Flunsch
und trank noch einen Punsch.

Erst nachdem er gewahr wurde,
dass Olga einen Schnapsbecher an Tränen
aus den Augen goss,
beschloss
er zu handeln
und mit dem jungen Miststück anzubandeln.

Die beiden liebten sich hinterm Sessel,
wobei Samuels Kopf stets gegen die Heizungslamellen stieß
und das Blut so auf die Brüste tropfte,
dass diese aufgehängt gut und gerne im Modernen Museum
nicht aufgefallen wären.

Samuel aber saß danach in sich gekehrt
und sinnierte mehr denn je,
wie es sein konnte, dass er schon wieder,

obwohl er wahrlich auch nur zufrieden
einen Schnaps hätte trinken können,
spürte, dass irgendwo in der Spelunke noch ein Weibsbild
sich nach ihm sehnte.

Was war das, die Liebe?

War das wirklich die kleine Liebe?

Samuel kannte die Antwort. Und er war froh,
froh um Olga und froh um das Sein.

OH WELCH GLÜCK

Hinter dem Holunderbusch,
wo sich einst die Uschi wusch,
dort drüben, da am See,
wuchs ein vierblättriges Klee.

Nun, weil es heißt, man würde glücken,
würde man ein solches pflücken,
ging ich gleich desnächst,
um mich dorthin zu bücken,
wo ein solches wächst.

Und da stand die Uschi auch,
nackt war sie sogar am Bauch,
und ich sah, wo sie sich wusch –
sie wusch sich hinter dem Holunderbusch!

DIE KNABENMÖRDERIN

Sämtliche Glieder kreisend in alle Winde streckend
begrüßte sie den Morgen, der jugendlich und unverdorben
seine Schamesröte quer über den Horizont vergoss.
Die Wissenschaft behauptete stur,
es wäre schlichtes Morgenrot.

Ihr katzenhaftes Gähnen war ansteckend,
und so schickte der junge Morgen eine leichte Brise
durch die Städte und Wälder, um die Bäume
lebendig zu schütteln.
Die Wissenschaft behauptete,
es sei der Morgenwind.

Dann betrachtete der Morgen mit großen
Augen des Mädchens Natur
und war so hingerissen, dass ihm das Wasser
im Munde zusammenfloss,
welches sanft die durstigen Gräser benetzte.
Die Wissenschaft sprach vom typischen Morgentau.

Als das Mädchen einladend die Decke hob,
huschte der Morgen darunter im naiven Glauben,
sie lieben zu dürfen,
doch erstickte sie ihn mit ihrer Engelsgeduld.
Die Wissenschaft äußerte sich gleichgültig:
Jetzt ist es Mittag.

DER DICKE UNTERM PFLAUMENBAUM

„Schönstes Mädchen, weißt du noch,
als dein erster Kuss mir galt?
Wie es da nach Sünde roch,
keine fünfzehn Jahre alt!

Lange konnten wir nicht warten,
da die Neugier uns getrieben,
und wir gingen in den Garten,
um das erste Mal zu lieben.

Doch der Garten war verhext,
erstaunt von deiner süßen Frucht,
die an keinem Baume wächst,
so dass er dich aus Eifersucht

in einen Baum verwandelt hat!

Und so blühst du in dem Garten
und ich liege dir zu Füßen
und ich kann es kaum erwarten,
deine Früchte zu genießen.

Doch werde ich deiner niemals satt!"

Der Dicke unterm Pflaumenbaum,
der war so traurig anzuschau'n.

DIE BEGEGNUNG

„Nichts auf der Welt
kannst du mir geben,
das Einzige, was mir gefällt,
oh Wanderer, das ist dein Leben!"

Seine Augen blutig rot,
sein Gesicht war alt und faltig,
mir schauderte, das war der Tod,
aus seinem Maul stank es gewaltig!

Sein Atem aus dem Halse pfiff,
die Hörner wie bei einem Rind,
die Pranke mir nach der Kehle griff,
da drehte ich mich um geschwind,

und erwachte neben meinem Weib!
Ich liebe sie und meine Kinder,
darum drücke ich mich an ihren Leib –
ihr Mundgeruch, der ist nicht minder!

MEINE LIEBE ZU WAMMERL
MIT SAUERKRAUT UND KARTOFFELBREI

Ich bin nur eine Pappgestalt
und schon zigtausend Tage alt.
Ich habe einen langen Bart,
der vor Grauen in Grau erstarrt.

Oh wahrlich ist er stur ergraut,
weil eine Braut vorm Sauerkraut
der Bauer mit dem Hammer haut,
sodass sie wie ein Wammerl schaut.

So war sie nun Kartoffelbrei
und alte Liebe ging entzwei.

SAMUEL KNOTTERBECK ERZÄHLT EIN MÄRCHEN IN OLGAS BAR UND ALLE LAUSCHEN ERGRIFFEN

„Es war einmal ein Kakerlakenkind,
das traurig,
wie halt Kakerlakenkinder sind,
des Aprilnachts durch der Baronin
Speisen schritt,
weil es so fürchterlich
an unerfüllter Liebe litt,
welche es zum Leben bräucht'.
Aus diesem Grund fraß es ein Loch
durch eine Rinde in ein Brot,
wo's warm und feucht –
und dort erwartete in seinem Jammer
dieses Kinde seinen Tod.

Nun denn, zur selben Zeit,
obwohl schon spät,
Sophie, die wenig brave
Tochter der Baronin
auf leisen Pfoten
just in selbige Speisekammer schleicht,
da man ihr zur Strafe
das Abendbrot verboten.
Doch da das Verbot
dem Hunger weicht
und schon erwähntes Brot
dem Hunger reicht,
packt sie dieses unterm Arm
und entweicht –
der Kakerlake hat es warm.

Nun denn, im Bette dieser Süßen
will die sogleich das Brot genießen

und beißt hinein, oje es knackt,
das Brot schmeckt etwas abgeschmackt.
Das Kakerlakenkind, vorm Sterben kaum geboren,
hat schon einen Fuß verloren
und entsinnt sich nun desgleichen,
das Sterben soll dem Leben weichen,
und sieht den Mund schon wieder spreizen,
oh nein, solch Tod der kann nicht reizen.
‚Bevor ich zwischen Zähnen knarze,
springe ich‘, und landete auf des Busens Warze,
was wiederum Sophie, die Tochter der Baronin, spürte,
weshalb sie ihn sanft mit dem Finger berührte
und ihn dorthin führte,
wo es warm und feucht.

Wie's nun in Märchen doch so ist,
dachte Sophie, es ist ein Prinz,
der sie dort küsst,
und tauchte ein in Träume wild,
und ein ganz andrer Hunger war gestillt,
als sie zu stillen suchte!
Der Kakerlake jedoch fluchte,
denn in jener dunklen Gruft
war gar kein Licht und wenig Luft,
und so zappelte und rappelte und wackelte er
mit seinen fünf Füßen umher,
auch Sophies Atem wurde schwer,
ja und sie dachte, ja sie dachte,
– ach –
ein Prinz würde sie drücken,
derweil musste ein Kakerlake ersticken!
Und da kann man doch mal wieder
einen Eindruck davon kriegen,
wie nahe Freud und Leid – äh – beieinander liegen.

Die Magd am nächsten Morgen fand
im weißen, blutbefleckten Laken
den jungen, liebbeglückten Kakerlaken
und zerdrückte ihn in ihrer Hand.
Das war schlimm, doch Folgendes
erschüttert wohl nicht minder:
Jungfrau Sophie bekam zehn Kakerlakenkinder!
Und zuallerletzt
hat sie die Kinder ausgesetzt,
für diese Tat ich selbst mich schäm',
in einem Stall weit weg von Bethlehem!"

Da wussten sie alle in Olgas Bar, was Samuel meinte
und es war keiner unter ihnen, der nicht weinte,
bis auf Barnickel, weil er den Anfang nicht mitbekam,
weshalb Samuel nochmals begann:
„Es war einmal ein Kakerlakenkind,
das traurig, wie halt Kakerlakenkinder sind!"
Und da – da weinte auch Barnickel!

SIRENE UND BACKENZAHN

Es traf die Sirene den Backenzahn –
waren voneinander angetan.
Zu ihrem Leid
hatte der Backenzahn keine Schneid:
traute sich nicht die Liebe zu bekennen,
da mussten sie sich trennen.

Man bräuchte es nicht zu erwähnen,
aber seitdem heulen die Sirenen!

FÜR VERRÜCKTE
UND SOLCHE, DIE ES WERDEN WOLLEN

Ein Mathematiker, der gerne Brüche brach,
der dachte über Bäche nach,
ob solche, wenn sie langsam fließen,
genügend breites Wasser gießen.

Da lachte der Bach den Mathematiker an
und sprach, indem er zu reden begann:
„Manch' Brücke bricht in Bäche brach,
ich drücke nicht Gedrucktes nach,
ich rüttle nicht Verrückte wach,
ich bin nicht Mozart – ich bin Bach!"

VIEREINHALB VIERZEILER

Ein Pyromane aus Graubünden
wollte sich und seine Frau anzünden,
und als lichterloh die Frau gebrannt,
er das Zündeln plötzlich albern fand.

Hundertsiebenunddreißig Burschen
beim Marathon in Gröbenzell,
die Hinteren sind langsam,
die Vorderen sind schnell.

Es sprach der Fuß: „Es ist alles Käse",
dann stolperte er in eine Fräse.
Das klang etwa so: „Pratzda!"
Jetzt war es ein Obatzda.

Wenn a Frau ihran Mo betrügt,
weil der Mo a ganz andere liebt,
dann is des bei aller Schwere
a faire Affäre.

Der Stuhlgang ist das einzige große Geschäft,
bei dem man Verlust macht und sich wohl dabei fühlt.

AUF DER FLUCHT VOR DEM LAUSCHANGRIFF

Ich habe mir eine Bucht gebucht
und da in einem Haus gehaust.
Ich habe dort meine Sucht gesucht
und auch manche Maus gemalt.

Ich habe dort auf meine Flucht geflucht,
denn ich habe dabei meine Ohren verloren.
An der Wand, da haben zwei Läuse gelauscht,
die nahm ich, denn sie waren ganz Ohr.

AM SONNIGEN WEIHER

Jene Ente, die noch nicht Braten war,
schwamm über jenen Weiher,
in dem die Karpfen Jahr für Jahr
verschlungen wurden von dem Reiher,
der über jenem kreiste,
in dem die im Winter stets verreiste
Ente sich im Sommer selig treiben ließ.
Doch beim Anblick von des Reihers Schnabelbiss,
welcher einen Schatten in die Idylle riss,
durchfuhr sie ein kälterner Graus,
der einem Winterregen glich!
„Schwamm drüber", meinte der Karpfen zu sich,
„so also sieht die Welt von oben aus!"

DAS DUELL

Im Grauen des Morgens und ihrer Weiber,
nach einer Nacht wild durchgezecht,
trafen sich zwei mit Alkohol gefüllte,
in ihrer Ehre beleidigte Leiber
im nebligen Sumpfe zu einem Gefecht.

Ein Frosch quakte, eine Schlange zischte,
da grölte der eine: „Das lass ich mir nicht gefallen!"
Und als die Schlange den Frosch erwischte,
schrie der andere: „Das wirst du mit deinem Leben bezahlen!"

Und wie sich der Morgen in Grauen gehüllt,
da wurden die Pistolen gezückt.
Der Atem stand still, es wurde gezielt
und dann der Abzug gedrückt.

Es trafen sich nun, wie's nur ganz selten passiert,
die Geschosse auf halber Distanz
und haben sich – man will es kaum glauben – eliminiert!
Das nahm dem Duell die Brisanz!

„Fein", sprach der eine, „dann lass uns leben!
Es locken die lüsternen Geister zur Brunft!
Wir wollen uns beiden wieder vergeben
und sagen den Weibern, wir wären versumpft!"

Zurück blieb der Morgen, ihm graute noch lange
und träumte vom Abendrot.
Satt ist die Schlange.
Der Frosch ist tot.

DIE FINKIN

An einem gut gelaunten Sommertag,
an einem solchen, wie es ihn nicht selten gibt,
an dem man selbst den bösen Nachbarn mag
und Schlagsahne mit Erdbeeren liebt,
da flatterte ein Fink, weiblichen Geschlechts,
einmal nach links, einmal nach rechts.

So hübsch vergnügt zog sie umher,
beging, was ich nie schnuppern werde:
Wie leichte Wolken unbeschwert,
vollkommen losgelöst der Erde,
flatterte die Finkin, weiblichen Geschlechts,
einmal nach links, einmal nach rechts.

Ich sitze im Bett in meinem Zimmer
und lass mich gehen in kleinen Träumen.
Glaubst du dem Leid, glaubst dem Gewimmer?
Triller, sing und schlag nach Purzelbäumen!
Du kennst mich nicht, schon gar nicht mein Geächz,
mal flatterst du links, mal flatterst du rechts.

Doch plötzlich machst du einen Bogen
und kommst mit deinem Lebensspaß
auf mein kleines Zimmer zugeflogen –
dort krachst du an mein Fensterglas.
Das war des Schicksals fieser Wink,
es winkt nicht recht, es finkt meist link.

ZWEI STUNDEN NACH BEGINN MEINT
SAMUEL KNOTTERBECK „HEY ..."

Zwei Stunden nach Beginn:
„Hey", betonte Samuel, „das ist nicht direkt so,
wie wir dachten!"
Barnickel, vollkommen außer Kontrolle,
bestätigte klar bei Sinnen: „Nein!"
Doch die Mädchen, jung und begabt,
vergaben und lachten,
auch wenn man ihnen zwischen die
Wege fasste.
„Beine heißt es!", meinte Samuel.
„Jawohl", sprach er selbst,
denn die anderen wussten schon gar nicht mehr,
worum es sich drehte, geschweige denn sie selbst!
Doch es war jene nahezu unbeschreibbare Situation
wieder eingetreten:
Alle glücklich! Alle glücklich!
Aber so war's wirklich.
„Nein, um nochmals den Ernst der Sache zu betonen,
wir wissen eigentlich schon, dass es um nichts mehr geht!"
„Nur um die Erde",
wiederholte der Pfaffe. „Erde", sprach der Gärtner.
„Erde?", abermals stammelnd! Erde! Ach, du gut riechende,
so lieblich unfassbar anfassbare,
unausgesprochen gern gerochene
Erde!!

Wiederum – um die Besonnenheit bedacht –
argumentierte Samuel:
„Halt! Halt! Dabei ist es ja überhaupt nicht das,
was wir nur im Entferntesten heute besprechen wollten!"

Als Unding befand der Direktor die Ausschweifungen.

Alle blickten sie zu Olga.
Sie war sich ihrer Schuld bewusst.
Hatte sie doch den Schnaps und die Mädchen organisiert.

„Gut", meinte Barnickel, „dann ...",
und Samuel fügte hinzu: „... ein andermal!"

Und die Diskussion über die Rettung der Menschheit
wurde vertagt.

GEBURT

Ich weiß nicht, ob ich je begriffen habe,
dass sich die Erde dreht,
und ob ich je verstehen werde,
wie Stickstoff entsteht.

Wie oft man Gedanken verschwendet,
ob ein Geschwür in dir wächst,
ob das Leben bald endet,
obwohl du ein Kind in dir trägst.

Ein Kind, das gegen die Regeln tanzt
und sich vom Zufall ernährt.
Bedenke: nicht jeder pflanzt.
Bedenke: nicht alles gebärt.

Und dann ist es da: ein liebes Gesicht,
mit Fehlern und Falten und Sünden,
Atem, der gar nicht nach Stickstoff riecht
und Augen, die niemals erblinden.

EINE LEICHE AUS DER KURPFALZ

Eine Leiche, die noch lebte,
schwamm in einem langen Fluss,
der dem Tod entgegenstrebte,
denn im weiten Meer war Schluss.

In der Kurpfalz entsprang die Leiche,
als sie arglos noch im Teiche
angelte aus einem Boot,
das plötzlich sank – schon schien sie tot.

Doch winkend aus dem Wasser streckte
sie die Hand nach der Kurpfalz,
und das Erste, was sie schmeckte,
war vom weiten Meer das Salz.

ANSICHTSSACHE

Über die Straße weht ein Hut –
vom Winde getragen.
An und für sich geht es mir gut,
mir fehlt es nur ein bisschen am Magen.

Der Wind gibt mir das schöne Gefühl,
als ob mich Englein heben.
Ich schlafe mich in ein wundervolles Spiel,
gänzlich von Schmetterlingen umgeben.

Der Hut tanzt, als ob er einem Tänzer gehört.
Meine Frau rennt zur Straße, sieht verstört
dem Hut nach, denn sie weiß, er gehört meinen Haaren.
Ich liege weiter vorne, vom Auto überfahren.

LEBENDIG BLEIM

wenn oana stirbt
na kennan oam de leid leid doa
de zruckbliem san
weil der der unten liegt nix gspürt

de oben aber scho

da woant ma
da moant ma
dass nimma weida geht
weil der der ganga is
obgeht

wenn ois stirbt
wos oan kennt
is ma seiba nimma do
is ma fremd

do muaß ma aufbassn

und muaß immer wieder
immer wieder
a wenn ma längst nimma mog
wos auf d weid bringa
des oan kennt

IM SCHNECKENHAUS

An einem stillen Tag
gestand ich meiner Krankheit,
wie sehr ich sie doch mag.
Da brach mein Leid
in Lachen aus
und brodelte im Blut
und zollte mir Applaus,
da war mir wieder gut.

AN DEN TEUFEL

Das kann doch gar nicht möglich sein!
Wie ist's nur wieder geschehen?
Ich sagte Nein, du sagtest Nein,
doch unser beider Flehen
versagten die Flügel, sie schmolzen dahin,
mit dem Wachs wuchsen die Witze,
die Pointe, die Tiefe, der heilige Sinn,
heuchelnd in der Höllenhitze
lechze ich nach Luft,
nach Raum, nach purpurroten Farben,
doch teufeltollwutweißschäumender Schuft,
hast mich gerade begraben.

AUF BESUCH

Habe getrunken und gemahlt.
Es geht doch schnell zu Ende!
Man hält den Becher, es zittern die Hände
und die fällige Zeche wird bezahlt.

Das Haar ist grau, das Gesicht wird faltig
und alles an mir wird müde,
bis auf die Hämorride,
und das stinkt mir gewaltig!

SAMUEL UND DIE ZWEI HILFSBEDÜRFTIGEN FRAUEN

An einem schön durstigen Abend
betraten zwei Frauen so erhaben,
dass es einem gar unnatürlich vorkam,
die kleine Bleibe von Samuel Knotterbeck
und erschraken vor Scham
und schämten sich vor Schreck,
da dieser sich gerade auf der Toilette befand,
welche er, da er beim Nachdenken nicht gerne aufstand,
sozusagen als Meditationsmatte
in sein Wohnzimmer installiert hatte.
Und wie sie so urplötzlich vor ihm standen
und langsam wieder zu sich fanden,
die Luft schwängernd mit süßem Parfüm,
da kam ihnen ihr Kommen in den Sinn.
Es pfiff der Schwengel der Kuckucksuhr
und blies zum Stillstand bei der Figur,
die Samuel vor ihnen machte,
sodass sogar der Kuckuck lachte.
„Herr Knotterbeck", fragte die eine ganz schüchtern,
„können wir Sie was fragen, sind Sie nüchtern?"
Samuel, der gar keinen anderen Zustand kannte,
aber soeben den Stand der Dinge erkannte,
wartete mit der Antwort einen kurzen Augenblick,
und das war sein Glück!

„Herr Knotterbeck, haben Sie mich vernommen
oder sollen wir ein andermal kommen?"
Samuel schwieg, denn er wollte sich die vornehmen Frauen
erst genüsslich anschauen,
und überlegte deshalb gar nichts zu sagen,

da die Hübschen dann in ein paar Tagen
wieder vorbeikommen müssten
und das war ganz nach seinen Gelüsten.
Und so war es denn auch –
und es wurde zum Brauch,
dass die zwei Damen
noch drei Jahre danach
alle vier Tage kamen,
ohne dass Samuel je sprach.

DIE SCHÖNE FREMDE

Ob ihr es glauben wollt oder auch müsst,
das ist heute wurstegal.
Ihr habt ja keine andere Wahl:
Und zwar hat mich gestern eine wildfremde Dame geküsst.

Seid ehrlich, auch ihr habt schon davon geträumt,
von diesem glückseligen Augenblick,
von diesem augenblicklichen Glück,
das nur wenigen Träumern eingeräumt.

Aber ich ging diese Straße entlang, es war schon sehr spät,
da hat mir – in Träumen versunken –
diese eine Dame gewunken,
die zum selben Zeitpunkt am Trottoir gegenüber geht.

Der Duft von einem Regenschauer floss mir kältern ins Genick.
Sie lachte graziös,
ich wurde nervös
von ihrem verdorbenen, schamlosen Blick.

Ich verwünschte und wünschte mir alles herbei
aus männlicher Fantasie,
dann lief ich hinüber und küsste sie
und sie rief die Polizei.

Doch nichts und niemand kann den Kuss mir nehmen,
es ist einfach, wie es ist,
ich habe sie gerne geküsst
und dafür muss sich die Schöne nicht schämen.

So erzählte ich es auch dem netten Polizisten,
der mir zu Hilfe kam
und die Holde mit sich nahm,
denn sie war bekannt dafür, Fremde auf den Straßen zu küssen.

AUF HOHER SEE

Wenn der Wind wieder braust,
so fürchterlich laut,
dass es selbst Neptun graust
vor dieser Unbezähmbarkeit,
die die Wellen höher schlagen lässt,
als je ein Herz geschlagen hat,
dann stelle ich fest,
wie wenig Kühnheit übrig bleibt,
wenn die eine Stunde naht:
Ängstlich sitzt du auf dem Mast,
plötzlich plagen dich plärrend
uralte Gespenstersagen,
die du stets verleugnet hast!

Und dann fängst du an zu beten.

Wenn sich der Wind verzogen hat
hinter tief gesunkene Träume,
dann sehe ich mich satt,
ohne dass ich etwas säume.
Die hohe See, der Himmelsspiegel,
der mich trägt, als hätt ich Flügel,
durch den ich gleite durch die Weite,
scheinbar schier endlose Weite
der Erkenntnis eines Weisen, eines Sehenden,
eines nach tieferen Sinnen Flehenden.
Und egal, wie viele schon daran ertranken,
ich schenke dem keinen Gedanken.

Und dann bist du selber Gott!

Bis der Wind wieder braust.

DER HYDRANT

Tapfer steht der Wasserhydrant
erhobenen Hauptes am Straßenrand
und fristet das Dasein eines Rekruten,
im Ernstfall für das Vaterland zu bluten.

„Liebste", so gesteht er seiner einsamen Frau,
„dass du mich vermisst, weiß ich genau,
doch unerlässlich ist unser Liebesverzicht,
bedenke doch nur, wenn ein Feuer ausbricht!"

So steht er eisern über Jahre hinweg
ohne verdrießlich zu werden am Fleck,
ja hat sich vom selbigen selbst dann nicht gerührt,
wenn ein Hund an ihm sein Revier markiert.

Bewundernswert, wie er die Schmach erträgt –
wie trotzig sein tieferdenes Herz in ihm schlägt –
sodass kein liebender Verstand ihm je grollte,
nur weil er selbst einen Brand legen wollte.

Denn mitunter packt ihn ein Sehnen
nach einem neroischen Städtebrand,
umzingelt von lauten Sirenen,
übertönt vom schreienden Feuerwehrkommandant!!

Bis ihn der kalte, grausame Regen
zurückklopft ins leidliche Leben.

Da schämt er sich nun ob seiner Gedanken
und blickt in die rauchlose Ferne,
um reuevoll den höhern Geschicken zu danken,
die ihn zum Wasserhydranten gemacht.

Unweit ist eine Kaserne,
dort träumt ein Soldat von der Schlacht.

DER PROPHET

Der Himmel über mir war blau.
Doch konnte ich ihn nicht greifen.
Und wie ich so schaute, wusste ich genau,
mein Blick muss ihn streifen,
berühren und dann hindurchgehen,
langsam, um zu lehren,
was ich nicht verstehen,
aber wohl begehren
würde.

Die Sonne brennt sich tief in meine Augen.
Ich habe Angst und werde das jetzt sagen.
Sie löscht so viel von meinem Glauben.
Untastbares, fassungsloses Unbehagen!
Und in die Ewigkeit, da rast mein Blick.
Mein eigenes Ich wird immer kleiner!
Schau noch einmal auf mich zurück!
Oder liegt das unter deiner
Würde?

Nur noch ein kleiner Punkt bin ich geworden.
Ich hüpfe und schreie und führe mich auf.
Ein Matrose neben mir sagt, ich sei gestorben:
„Hier, nimm diese Flasche und sauf!"
Da nahm ich die Flasche voll Tränen und trank
und schluckte und rülpste und erschrak,
als neben mir ein Stinktier stank
und lächelte: „Guten Tag!"

Das alles habe ich wirklich erlebt
und werde noch tausendmal sterben,

solange ein Prophet ein Trampolin webt,
springe ich zurück auf Erden.
Solange mir beim Landen ein Purzelbaum glückt,
und sei es nur im Gedanken,
wird jedes Kraut der Hoffnung gepflückt
und will ich dem Dasein danken.

TROCKEN

Ich wollte endlich wieder leben,
darum habe ich das Trinken aufgegeben
und werde das niemals bereuen,
denn jetzt kann ich mich wieder
über Alltägliches freuen.

Meine Frau sagt, ich sei so anders geworden,
nicht mehr so rülpsend, nicht mehr so verdorben.
Sie lockt mich ins Bett und da werde ich liebkost
und wir singen alte Lieder:
PROST! PROST! PROST!

SAMUEL KNOTTERBECK UND SEINE
WEIHNACHTSWÜNSCHE

Samuel Knotterbeck ging kurz vor Weihnachten in Olgas Bar,
denn das war eigentlich schon Tradition, dass er jedes Jahr
tagtäglich dorthin ging.
Und so kam ihm auch heute nichts Schlechteres in den Sinn.
Und wie er so Sauerkraut essend schlenderte,
fand er eine Vase, eine verziert umränderte,
an der er, da er die Geschichte
noch von seiner alten Großmutter kannte,
rubbelte, bis sie schließlich einen Geist entsandte,
der sich, ihr könnt's glauben, Weihnachtsmann nannte
und immer kurz vor Weihnachten einen guten Menschen
beschert,
indem er ihm drei, genau drei Wünsche gewährt.
Samuel war davon freudig überrascht
und überlegte ganz ohne Hast
und überlegte fürchterlich scharf
und fragte den Weihnachtsmann,
ob es denn dreimal das Gleiche sein darf,
worauf ihm dieser mit „Ja" entgegnete
und sie standen auf der Straße und es regnete
Schnee.
„Lieber Weihnachtsmann", sagte Samuel,
„dann wünsche ich mir
drei dunkelschönschäumendkühlundguteingeschenkte
Halbe Bier!"
Ojeee!
Das war nun wirklich gut überlegt!
Trotzdem hat sich der Weihnachtsgeist aufgeregt,
weil dies kein weltverbessernder Wunsch ist
und dass Samuel ein schlechter Mensch ist,
ja, dass er so etwas in seiner ganzen Geisterkarriere
noch nie gehört

und dass er ihm deshalb die drei Wünsche verwehrt.
Dann nahm er empört seine Vase
und suchte sich eine andere Straße.

Samuel aber ging weiter und kaufte sich
drei Bier in Olgas Bar
und war glücklich, dass er auf keinen dämlichen
Weihnachtsgeist angewiesen war.

KATHOLISCHES MÜNCHEN

Verschnupft
in d' Trambahn eineghupft,
weils gar so saut:
Gschniem hods und gregnet.

Dort drin – heiliges katholisches München –
am Leiden Christi begegnet:

Grod a weng in d' Gsichter gschaut.

DIE KRANKE IN DER STRASSENBAHN

Ich genoss den nassen Nieser
einer wahrlich hübschen Frau.
Ihr Ehemann, ein wahrlich Fieser,
schimpfte: „Halt den Mund, du Sau!"

Doch ich genoss den ganz spontanen
klebrig süßen Spuckeschwall
und sehne mich nach solch Fontanen,
gier mich nach dem Wasserfall.

Oh Ehemann, wie bist du satt,
dass sich nicht deine Zunge streckt,
wenn eine Frau solch Spucke hat,
die brombeermarmeladen schmeckt.

Ich füll den Sirup mir in Flaschen,
werde täglich davon trinken,
werde mich täglich damit waschen
und ewig nach ihr stinken!

NEUJAHR

Ich hab geschworen, dass ich mich änder',
und werde nun pünktlich sein.
Seht her! Hier ist mein Kalender
vom Pünktlichkeitsverein,
denn Pünktlichkeit ist eine Tugend.

Hier kann ich auch lesen,
wann ich alt geworden bin,
denn im Grunde bin ich ein Wesen
mit einer Lust zum Doppelkinn
im Widerspruch zum Schönen.

Die Pünktlichkeit ist auf dem Punkt.
Das Altern ist ein Fluss.
Wenn es im Alter noch mal funkt,
so schmeckt ein Kuss
nach Jugend.

Am Ende dieser Seiten
steht ganz banal „nicht wichtig".
Darüber kann man streiten.
Doch ist man, wie ich, lebenssüchtig,
muss man sich erst daran gewöhnen.

OSTERMESSE

In der Mitte alles vereint.
Rechts und links, oben und unten.
Seinen Kopf herabgesunken.
Vorne hat eine Frau geweint:

                        Götterfunken.

Kleine Jungen machen Faxen,
im Kreuz ist Heil und dort bist du,
Hände gefaltet, tiefe Ruh,
Fingernagel nachgewachsen:

                        Juchhu!

Geboren wird alles wieder.
Knospe, die Blume und Blüte,
von neuem, reinem Gemüte,
drum singen wir Osterlieder:

                        Henne brüte!

LÖSUNG

Die Schwester der Mutter des Mannes,
der sein wollte wie eine Frau,
also die Tante dieses Mannes
trank nie Alkohol, war niemals blau.

Bis die Tochter des Vaters des Onkels
eine Lösung erspähte; sie wusste genau,
wenn man die Tante der Tunte in Tinte
tunken täte – dann wäre sie blau.

KANDIS IM HAGEBUTTENTEE

Ich höre Musik, von der ich nichts verstehe.
Träume vom Mädchen, das ich nie bekomme.
Lache unentwegt,
stets erregt,
wie sie mich dreht. Drehe,
du holde Fromme!

Ich steh in einem Nachmittag
und hunderttausend Schläge
in meinem Kopf.
Armer Tropf!
Schlag für Schlag,
wohin die Wege?

Tief in deine Unendlichkeit sollst du mich rühren!
Es tanzt alles lüstern im glasigen Rot.
Es ist nun soweit:
Zu viel Vergangenheit.
Aufgelöst, mich zu verführen,
bin ich tot.

SAMUELS BRAUT WILL IHN VERLASSEN
UND ERSCHRICKT, WEIL ER SO LACHT

„Hahahaha! Aber, aber", meinte Samuel Knotterbeck,
„schau doch nicht gleich so verschreckt!
Es ist doch schön, mal wieder was Neues zu entdecken
und außerdem können nur Zecken erschrecken!"

Tröstend und zärtlich küsste er dann ihre Wangen.
„Mehr als fünf Wochen
kann ich doch wirklich nicht verlangen!
Das beste Sauerkraut
schmeckt schließlich wie dampfender Mist,
wenn man's tagtäglich die Tage durch frisst!"

Und wie sie aus dem Gesagten den Scharfsinn erkannte,
krempelte sie alles um, was sie stundenlang plante,
fiel ihm zu Füßen und blieb seine Braut
und kochte ihm weiter sein Sauerkraut.

BUSSE

Ein dumpfer, ganz tiefer Lärm herrscht im Magen.
Ein Donnergeröll von schwerstem Unbehagen.
Ein Befehl. Ein Schrei. Zur Arbeit gezwungen.
Fremdes, heimtückisches Fett durchgedrungen.

Verzweifelt krampft er – wie er schwitzt.
Sehnsucht nach Schlaf, der ihn beschützt.
Verflucht der Fresssack, der peinigt!
Wunsch nach Essen, das ihn reinigt.

Wie kann ich es nur wagen,
meinen einzigen Magen
so zu quälen!?

Wird nichts anderes nützen,
als dich längs aufzuschlitzen?

Du darfst wählen!
Was? Wie bitte?! Du willst Sauerkraut?!
Ein Jugendfreund, der dir lang vertraut?
Ein Feind aller bleibenden Fetten?
Geboren, um Leben zu retten?

mampf mampf mampf

Ich spüre es schon, es wird schon warm.
Vor Freude pfeift sogar der Darm.
Tatsächlich: Sauerkraut befreit von Schmerzen.

mampf mampf mampf

Ach – gäbe es doch Sauerkraut für unsere Herzen.

KEINE ANGST

Keine Angst, weil nicht alles schrecklich ist.
Keine Angst, weil du mich einst so lieb geküsst.
Keine Angst, ich bleibe dir und das ist gut,
darum habe nun, ich gebe dir, für Morgen Mut.

WENN ICH EIN ANDERER WÄR, FLÖG ICH ZU IHR

Ein Vogel pfiff in aller Frühe.
Ich schlabberte an der Frühstücksbrühe
und verbrannte mir die Zunge.

Ein Mädel saß am Fenster im Haus gegenüber
und ich wünschte mir, ich wäre jetzt lieber
ein Junge,
der sich trauen
würde,
solch Frauen
direkt
von Balkon zu Balkon
in die Augen
zu schauen,
ohne dabei nervös auf der Semmel zu kauen!

Das hab ich versucht,
doch verflucht:
Mit ihrem wahnsinnsscharfen Klimperblick
hat sie alles fest im Griff!

Ich biss in den Vogel, als die Frühstücksbrühe pfiff:
Fideltschik, fideltschik.

LEITSATZ FÜR LIEBENDE

Wollen sich zwei Liebende
übertrieben
ihr Leben lang lieben
und wollen die beiden
dabei nicht leiden,
dann ist es das Beste,
sie lieben sich feste!

Oder sie lassen es bleiben.

LEITSATZ FÜR LOBENDE

Wer stets die Welt
mit Lob erfüllt,
der mach dies auch
vorm Spiegelbild.

LEITSATZ FÜR LEBENDE

Im Leben
nie aufgeben!
Und wenn,
dann doch!

LEITSATZ FÜR LABENDE

Wer stets aus allen Kelchen schlürft
und sich in alle Betten wirft,
an jeder Muse sich ergötzt,
von einem Rausch zum andern hetzt
und auch beim Schlafen fröhlich lacht,
der hat's soweit ganz gut gemacht!
Sein Leitsatz lautet deshalb schlicht:
Verzichte nur auf den Verzicht!

UNIVERS

Wussten Sie, dass es zwei Sonnen gibt?
Und es mir leid tut, dass Sie so traurig sind?
Nicht nur wenn ein Mensch den anderen liebt,
entsteht ein glückliches Kind.

Es kann Gewalt gewesen sein.
Ein Akt gibt uns das Leben.
Ein Schicksal, ein Irrtum,
die Lust auf nacktes Bein,
mitunter ein peinliches Streben.

Aber wichtig ist, dass wir's nicht überbewerten
und nicht alles darin begründen,
denn selbst in den klügsten Selbsthilfegruppen
lassen sich Unmengen Dummheiten finden.

So, nun haben Sie lange geweint,
Sie unwissendes, krummschönes Kind,
von dort, wo die andere Sonne scheint,
trieb Sie ein seltsamer Wind.

Darum wagen Sie es endlich glücklich zu sein,
und tragen diesen Trumpf spazieren!
Und wenn Sie stets daran denken, dass Sie unwichtig sind,
dann kann Ihnen nicht viel passieren!

INHALT